AF404574

7

Lk 472.

LA GRANDE CRVAVTE ET Tyrannie.

Exercee en la ville d'Arras, ce 28. iour de May, 1618. Par vn ieune Gentil-homme, & vne Damoiselle Frere & Sœur, lesquels on commis inseste.

Ensemble ce qui s'est passé durant leur impudiques amours.

A PARIS,
Chez la vefue Iean du Carrois.

Iouxte la copie imprimee à Arras,
Par Guillaume de la Riuiere.

M. DC. XVIII.

Auec permission de ses Altesses de Brabãt.

INSESTE ET ADVLTAI-
re commis, entre vn ieune gentil-homme & d'vne damoiselle
frere & sœur.

Ensemble se qui c'est passé en leurs impudi-
ques Amours.

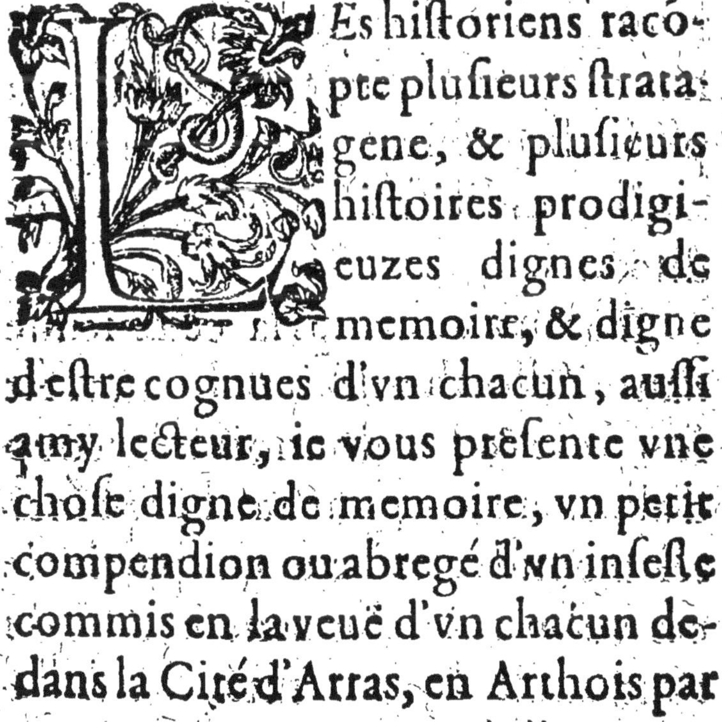

Es historiens racó-
pte plusieurs strata-
gene, & plusieurs
histoires prodigi-
euzes dignes de
memoire, & digne
d'estre cognues d'vn chacun, aussi
amy lecteur, ie vous presente vne
chose digne de memoire, vn petit
compendion ou abregé d'vn inseste
commis en la veuë d'vn chacun de-
dans la Cité d'Arras, en Arthois par

vn ieune gentilhomme aagé de
vingt cinq ans ou enuiron, lequel
eſtoit de belle taille fort adroit de
corps & de membre, tellemẽt
qu'il eſtoit admiré d'vn chacun, &
meſmement d'vne partie de ceux
qui le deuoient chenir en tout honneur, vn iour eſtans dans ſa chambre tout ſeul auec ſa ſœur deuiſant
de pluſieurs choſes, ceſte ieune damoiſelle fut rauie & ſeduite de l'ennemy infernal lequel ſe logea en ſa
fantaſie, & luy fait commettre vn
peché horrible & digne de puniriõ
ainſi cõme il ſe void par ce preſent
diſcours.

Durant ce temps la ceſte ieune
damoiſelle cheriſſoit & honnoroit
ſon frere & luy donnoit beaucoup
d'allechemens pour taſcher a l'inci-
ter a condeſcendre a vne partie de
ſes volontez tellement eſtant du
tout rauie de ſa beauté, elle ſe ha-

zarde de luy demander sa compa-
gnie, & le supplie luy obeyr luy disant, Ie vous supplie mon frere de
m'oster le mal qui me tourmente
incessamment, si vous aymez ma
vie vous me dónerez iouyssance de
vostre corps, & prendrez à long
traits les delicattesse que de vrays
Amants ont apres vne grande fati-
gue que l'enfant de Cipris leur a dó
rée, considerez s'il vous plaist la
grande amitié que ie vous porte &
vous supplie de m'oster de l'àgueur
& du mal que i'édure iournellemét.

Comment cruelle oserois tu a-
uoir le courage de vouloir entreprendre sur ton propre sang sur ta
propre geniture, sur ton frere char-
nel? sur celuy lequel a tourné dans
le costé de ta propre mere, as tu osé
de vouloir entreprendre de demander la mort de ton frere, ne pou-
uois tu auoir dequoy contéter le feu

de ta paillardise, sans voulloir entreprendre vn tel acte & vn tel infe-
ste. Mais en vain ces remonstrance
se font en l'air car elle continuoit
tousiours ces demandes, & appres-
tant vn soir le soupper à ce ieune gé
tilhomme, elle luy donnoit du vin
luy disant ie vous supplie mon frere qu'auec autant d'affection comme ie vous donne ce vin vous le pre-
niez de ma main auec autant d'amitié comme ie vous le presente de ma
part,ie vous supplie d'auoir côpassi-
on de moy.

Lors se ieune homme estant es-
pris d'Amour la baisa luy disant que
dira le peuple scachant cela,mais ladicte Damoiselle luy fist responce
il luy a bien moyen que nous ayons
iouyssance, sans que personne en
en entende parler, lors se delibera
& coucha auec elle ceste nuict la. Si
le sexe feminim est bon de seduire

& estre fragille a gagner le cœur des
hommes, la nature par ses moyens
& artifices pour se venger de ceux
qui tromppent & pipent l'honneur
car durant ce temps la, elle entre-
tenoit ce pauure gentilhomme touf
iours fous l'espoir, mais bien voicy
d'autres affaires, car ayant eu le cõ
tentemét qu'elle desiroit, & en ayãt
esté repeuë elle demeura enseincte
ce que voyant ce ieune homme depeur d'estre s'urpris de la main de
Iustice, luy commença a remon-
strer luy disant, vous sçauez ce qui
c'est passé entre nous deux, c'est
pourquoy ie vous supplie de vous
tenir close dans vne chambre & ne
hanter personne depeur que nous
ne desonorions nostre maison, &
vous supplie de vous bien gouuer-
ner en vostre enfantement : & pour
mon particullier ie m' enuois faire
vn voyage au chans cependant que

vous accoucherez : puis d'vn com-
mun accord s'embraſſent, & pren-
ne conger l'vn de l'autre, incontinét
monte à cheual auec ſon homme,
& commence à prendre ſon che-
min droit à vne ſienne mettairie à
quatre ou cinq lieues de la Ville, &
demeura là iuſques à ce que ladicte
Damoiſelle euſt accouché & faiſoit
priere à Dieu de luy pardonner ſes
fautes & pechez.

Mais helas ! ceſte Damoiſelle có-
mença a regretter ſon meſchant
mal faict & commença a ploter &
& gemir & s'arrachant les cheueux,
diſoit commét falloit-il apres auoir
conuoité enſemble, que tu me de-
laiſſe à l'heure, que i'ay beſoing d'ai-
de, & ce deſeſperans appelloit le dia-
ble a ſon ſecours au lieu de ſe con-
uertir, & demander pardon à Dieu:
incontinent l'ennemy de nos ames
commença à la ſeduire, luy conſeil-
lant

lant de perir son enfant, ce qu'elle fit
comme vous entendres si apres.

Lors ceste Damoiselle se sentant
proche de son trauail, elle se declare
auec bonne femme, laquelle con-
noissoit beaucoup en matrosne, luy
disant ma bonne amie ie vous veux
declarer quelque chose à particulier,
c'est que i'aymois vn ieune Gentil-
homme, qui m'a promis la Foy de
Mariage, & me suis abandonnee a
luy qui est la cause que ie vous man-
de, parce que ie suis enceinte de son
faict, ie seroit bien marrie que mon
frere le sceut, ie vous prie le cacher
& me seruir d'amie à ce subiect, (ce
que ladicte femme luy promet a-
lors, elle donne de l'argent, à ceste
femme, pour auoir la commodité
propre pour ses affaires.) Au bout
de deux ou trois iours apres, elle act
coucha d'vn beau Fils, lequel fut
fort bien panse & allaité durant la

couche tellemét que ladite Damoiselle auoit accouché, sans aucun
scandalle, mais incontinent apres elle tomba en vn grand des-honneur.

Estant releuee de sa couche sans
aller à l'Eglise, elle pren son enfant,
& s'achemine elle seule au droit che-
min de la metairie, pour aller trouuer son frere, lequel entendant sa
venue, monte à cheual & s'en reuiét
chez luy en la ville, & donna charge
à son fermier de l'arrester elle & son
enfant, & que l'on luy porta l'honneur qui luy appartenoit, pensant
cacher leur mesfait & recouurir l'hô-
neur, de luy dire qu'il alloit à Paris
pour six mois: on commanda à son
fermier de la maison comme i'ay par
ci deuant dict: mais ceste cruelle
trouuant la maison desnuée de celuy quelle desiroit auoir à sa couche: Ceste nuict apres son arriuee, &
se trouuant frustree de son atteinte,

prend son enfant & s'en va dans v-
ne forest proche de la maison, & e-
stant desesperee couppa la gorge de
son enfant, sans auoir aucune com-
passion de son sang. O cruelle enra-
gee, O tygresse ennemie de Dieu, &
amye de Sathan, a tu eu le courage
d'estre la mere, & la meurtriere de
ton sang, & la geniture de ton enfant, & de ton nepueux, ne ceois tu
pas que Dieu ne soit le iuste vengeur
de ton forfait, tu le peux croire &
t'asseurer que Dieu te regarde, &
considere le mal, & le bien que tu
fais.

Lors ceste Megere, seconde Poli-
mena ayant esgorgé son enfant, luy
coupe puis la teste, puis la met dans
vne besace pour la presenter vn iour
à celuy qui l'auoit forgee, & s'en-
questa partant ou il estoit, & fit si
bien par ces belles parolles, qu'elle
sceut d'vn lacquais où residoit son

frere, & le sçachant elle s'achemine
en la ville, & le va trouuer dans sa
chambre, qui lisoit dans vn liure, &
la voyant il se leue & la saluë, luy de-
mandant quel enfant Dieu lui auoit
donné (encore qu'il le sçauoit bien)
lors incontinent elle luy commança
a dire, ie te veux monstrer le pour-
trait, lors prend la teste de ce pauure innocent, & luy met en la main,
luy disant, voila la cause de ton de-
partement de ton logis, ce que voyant le ieune Gentil-homme ne man-
qua auec reproche à luy dire.

Ah ! miserable que maudite soit
l'heure & le iour de nostre naissan-
ce, il faut il faut sans aucune faute,
que nous perdions la vie, & qu'vn
chacun sçache nostre forfait, & que
la iustice cognoisse mon innocen-
ce, & toy miserable & execrable en-
fin tourment. Mais en vain, ses paroles
reüssirent incontinent apres, elles a-

proche luy difant qu'elle luy vou-
loit dire vn mot, lors s'approchant
elle tira vn coufteau qu'elle portoit
penduë a fa feincture, & luy en donna plufieurs coups iufqu'a tant qu'il
tomba mort par terre, elle voyant
fon frere qui eftoit mort, print le
coufteau & s'en donna deux coups,
tellement que tous deux morurent
en vne mefme heure dans la Chambre, fans que perfonne y fçeuffent
mettre remede, finon que Dieu qui
les voyoit.

Confiderez Chreftiens en ce der-
nier Ciecle ou nous fommes, quelle
chofe nous voyons, en cefte hiftoire
prodigieufe: nous voyons tous les
iours, nous nous deuons recom-
mander à Dieu, foir & matin, le fup-
pliant de nous faire la Grace, de
nous garder de telles forfaictures,

& portons luy honneur & reueren-
ce, a celle fin qu'en nos derniers
iours, il nous donne ce qu'il nous a
acquis par son Precieux Sang,
Ainsi soit-il.

F I N.